LES PORTRAITS

DU GRAND

CAFÉ SUISSE ET DE LA MARINE

A

SAINT-SÉBASTIEN

ROUEN
IMPRIMERIE ADOLPHE NOEL
Cours Boieldieu, 6

1880

LES PORTRAITS

DU GRAND

CAFÉ SUISSE ET DE LA MARINE

A

SAINT-SÉBASTIEN

ROUEN
IMPRIMERIE ADOLPHE NOEL
Cours Boieldieu, 6

1880

LES PORTRAITS

DU GRAND

CAFÉ SUISSE ET DE LA MARINE

A SAINT-SÉBASTIEN

Avant de commencer le récit des extraits biographiques des hommes éminents de Guipuzcoa, dont les portraits ornent le splendide café Suisse et de la Marine, il sera peut-être utile que nous donnions quelques légères notices sur ce Café, ainsi que sur la ville de Saint-Sébastien, qui compte cet établissement parmi ses récentes améliorations.

Nous ne trouvons rien qui puisse décrire d'une manière aussi exacte et expressive la position pittoresque qu'occupe cette ville, ainsi que l'état d'oppression dans lequel elle se trouvait jusqu'à ces dernières années, enceinte de fortifications et manquant de terrain pour bâtir, et le grand avenir qu'elle se promettait après la disparition des murailles qui arrêtaient son développement, comme les jolis vers suivants qu'un de nos amis, fils de Saint-Sébastien, publiait dans le *Guipuzcoano N° 50,* du 5 mai 1863, le jour suivant à l'inauguration de la démolition des murailles :

1

Brilla el iris, al fin en tu cielo,
Blanca Easo, cautiva palomo
Ya tu negra prision se desploma,
Libre ya vas el vuelo a tender.

2

Todo en ti es hoy blanda armonia
Que se eleva al azul firmamento,
Cual aroma que esparce en el viento
De tu dicha la flor al nacer.

3

Arrullada en tu cuna de arena,
A la sombra de verde colina,
Tu naciste en la fresca marina,
Como un cisne flotando en el mar.

4

Y galana y risuena te miras
En tu concha de azul y de plata
Que en sus placidas hondas retrata
Murmurando a tus piés, tu beldad.

1

Dans ton ciel enfin l'iris brille,
Blanche Easo, colombe captive
Ta noire prison s'écroule
Et libre tu prendras ton essor.

2

Tout en toi est aujourd'hui douce harmonie
Qui s'élève jusqu'à l'azur firmament
Comme un arôme que répand dans les airs
La fleur naissante de ton bonheur.

3

Bercée dans ton lit de sable,
A l'ombre d'un vert côteau
Tu naquis dans la fraîche marine
Comme un signe flottant dans la mer.

4

Et tu te mire galante et souriante
Dans ta *Concha* d'azur et d'argent
Qui reflète dans ses ondes paisibles
Murmurant à tes pieds, ta beauté.

Cette cité, surnommée par antonomase la « Facita de Plata », la petite Tasse en Argent, a déjà vu en partie réalisées les espérances qu'elle avait conçues en tournant ses regards vers l'horizon de son avenir.

Sa position topographique, une des plus belles (nous allions presque dire la plus belle) que l'on puisse s'imaginer, se trouve admirablement dépeinte par les vers que nous venons de citer, et cette circonstance avec bien d'autres que nous allons remarquer contribue puissamment à augmenter ses grades attractifs.

Sa baie, appelée « La Concha » à cause de sa forme de coquille, est sans rivale pour les bains de mer ; son climat est délicieux, sa température privilégiée, toutefois qu'en été jamais elle dépasse des 16° Réaumur, ne descendant jamais en hiver à 6° ; ses environs toujours verts offrent par la beauté et variété du paysage des promenades très intéressantes. On y trouve des moyens faciles de transport aux dix établissements d'eaux minérales, qui existent dans la province dont Saint-Sébastien est le chef-lieu, et une station sur la voie ferrée dont les extrémités sont Cadiz et Saint-Pétersbourg.

L'un des attractifs plus puissants de Saint-Sébastien pour les nombreux voyageurs qui annuellement se réunissent ici pour converger cette jolie ville en un Dieppe, un Brighton ou la Suisse de l'Espagne, c'est la circonstance d'être Saint-Sébastien, comme peu d'endroits un vrai centre « de vie de saison d'été », pour sa proximité à la frontière de la France, et par conséquence des nombreux établissements de bains des Pyrénées. Aussi lui est très favorable la circonstance d'être Saint-Sébastien, un très commode endroit de départ pour faire des petites excursions, comme par exemple au très pittoresque port de Passages, uni à Saint-Sébastien par un magnifique chemin, qui est plutôt une promenade prolongée, laquelle continue à Renteria, à l'intéressant port de Juenteralia, à l'historique île internationale du Bidatoa, à l'importante ville de Yrun et enfin aux « centres d'été » de la « high life » européenne, Saint-Jean-de-Luce et Biarritz, de renommée universelle.

Ces diverses et très intéressantes excursions aux petites montagnes voisines à Saint-Sébastien, nous croyons devoir remarquer l'ascension du « Monte-Aitzgorri », dont nous trouvons une intéressante description dans le Guide-Album du voyageur, dans la province de Guipuzcoa, publié par MM. Th. Mercier et L. Laurent.

En arrivant au point culminant où est construite la chapelle (de Saint-Adrian), le touriste voit se développer devant lui un des plus beaux panoramas que l'on puisse trouver dans les Pyrénées, et il est largement récompensé des fatigues qu'il a subies pour se procurer ce beau spectacle. — La Chapelle est à 1,540 mètres au-dessus du niveau de la mer, et, par un temps clair, l'œil distingue des points de l'horizon à la distance de 150 kilomètres.

De la hauteur ou se trouve la chapelle de Saint-Adrian, l'on découvre parfaitement les villes de Cegama, de Segura, de Villafranca, le cours de l'Oria, une portion de la ville de Tolosa ; plus loin, dans la même direction, le mont de « Jairquibel » (l'ancien

Olearso), les « Trois Couronnes » de Yrun et la mer Cantabrique.

Tournant un peu le regard vers la gauche, on aperçoit les vallées de l'Oria et d'Orio, une partie du grand viaduc de 300 mètres de Ormaiztegui, les villes de Mutiloa, de Beasain (Consejo de Ichaso) Ezquioga, Legazpi, Villarcal, Zumarraga, le large dos du mont Izaspi et plusieurs autres points.

Vers le Nord-Ouest, c'est une confusion de pics et de monts semblables aux flots irrités d'une mer en fureur.

La vue du côté du Sud et une partie de l'Ouest s'étend sur la vaste plaine d'Alava, avec ses belles prairies et sur un grand nombre de villages et hameaux des environs de Salvatierra et Veteria, dont on découvre même, à l'œil nu les trois clochers principaux. — On distingue à l'Ouest, la Sierra de Badaya », les hauteurs de Nanclares, le défilé de Pancorbo, et même la « Sierra de Oca » par un temps clair, ainsi que les sommets de la chaîne de Tolono, au Sud-Ouest du défilé de Pancorbo.

Telles sont les principales vues qui s'offrent au touriste par une belle journée d'été, de la hauteur de Saint-Adrian. Voilà un bon souvenir pour les Espagnols qui, oubliant ce qu'ils possèdent dans leur pays, cherchent à l'étranger des belles vues.

Egalement sont très intéressantes les excursions aux monts de San-Marcos et Santiagomendi, au fort de Ametzagana, etc., etc.

A Saint-Sébastien même, en plus de plusieurs promenades très belles et soigneusement entretenues, le mont « Urgullo », soit la forteresse dite du « Castillo de la Motta », avec sa promenade tout autour, offre un délicieux « belvédère » autant pour ses vues à la mer, que pour celles sur la terre.

Les promenades de Miracruz, de l'Antiguo et d'Hernani sont aussi très agréables par la variété de leurs vues.

Il serait impardonnable de ne pas se rappeler de la jolie île de Sainte-Claire, qui s'élève avec une modestie fort gracieuse au milieu de la « Concha », soit de la baie. Si d'une part elle est une garantie de la condition la plus précieuse de la plage, la sûreté, puisque les rochers qui sont son piédestal empêchent le passage des importants flots de la mer, d'une autre part elle offre une très pittoresque vue, avec sa petite blanche chapelle et son petit vert jardin, étant cette « oasis » de la mer, un des plus jolis et délicieux ornements de Saint-Sébastien.

Hors des promenades dont nous parlons plus haut, nous recommandons aux étrangers les grandes routes d'Hernani et Lasarte, et le village de Loyola situé dans une vallée charmante, baignée par l'*Urumea*. Les églises de *Sainte-Marie* et de *Saint-Vincent*, surtout la première qui possède un orgue magnifique et une belle sacristie.

Nous allons aussi indiquer en passant, les curiosités principales de la ville et de ses environs, dignes d'être visitées par le voyageur.

La « Casa Consistorial » (Hôtel de la Ville), où existent deux beaux tableaux du célèbre Oquendo, peints par don Antonio Brugada, peintre de *camara* de S. M. ; plusieurs chefs-d'œuvre de calligraphie, dont un de grandes dimensions, dus à la plume de Besnes et Irigoyen ; deux vases superbes de porcelaine de Sèvres, ornés des portraits de l'empereur et l'impératrice des Français, qui en firent cadeau à la ville. Le salon où eut lieu la conférence entre la reine d'Espagne et l'empereur des Français, qu'on a conservé dans le même état où il se trouvait lors de la conférence, le 9 septembre 1865.

Les tableaux sont visibles toute la journée ; les appartements seulement, de 9 heures du matin à 1 heure du soir, et de 3 à 6 heures du soir, excepté les jours de pluie.

La casa de « Misericordia », ou maison de bénéficence, près de la gare, d'un extérieur modeste, mais très spacieuse à l'intérieur et parfaitement gouvernée, mérite aussi une visite.

Les patriotiques efforts du Conseil municipal de la ville de Saint-Sébastien pour les améliorations de la même sont très dignes de sincères louanges. C'est à eux que la belle ville doit ses magnifiques promenades, comme celle de la *Mamégda*, appelée

« Boulevard », et des rues de 15 mètres de largeur ; c'est par ses soins qu'il ne manque pas de la vigilance hygiénique et propreté dans ses bons et jolis marchés ; c'est par ses soins que le pnblic profite aujourd'hui des divers instruments scientifiques mis à sa disposition, comme la nouvelle colonne météorologique de la grande place de Guipuzcoa, et divers autres. Aussi sont très louables les sacrifices qu'il s'impose pour procurer aux étrangers et aux habitants de la ville des fêtes, des divertissements et des spectacles gratuits, comme par exemple les magnifiques soirées du Boulevard, auquel un des plus brillants orchestres militaires de l'Espagne — spécialement engagé — donne de l'aménité pendant toutes les soirées de l'été.

L'initiative privée s'est aussi éveillée ces dernières années d'une manière consolante, et si les riches propriétaires, avec un patriotique intérêt, emploient leurs biens dans l'incessante construction de magnifiques palais et maisons, il ne leur manque pas de laborieux locataires, entrepreneurs, dédiés les uns au commerce, les autres à l'industrie dans toutes ses branches et manifestations, qui contribuent efficacement au mouvement de la ville et qui sont des collaborateurs très importants de l'œuvre de l'accroissement et de la fomentation des immenses bénéfices que l'intelligence, le capital et le travail, mis au service de sources naturelles de richesses de ce beau pays, produisent ; toutefois il y en a qui préparent des logements somptueux pour des princes et des capitalistes, que des auberges commodes, tenant compte jusqu'aux fortunes les plus modestes ; qui proportionnent des grands et splendides centres de réunion et divertissements, comme les théâtres et les cafés, et qui enfin embellissent les rues ornant leurs riches et grands étalages avec les produits de leur intelligence, de leur travail, de leurs économies : tous s'intéressant aux désirs et aux besoins des étrangers et des habitants de la ville.

C'est aussi la spéculation privée qui organise les intéressantes parties de jeu de paume, qui compte tant d'amateurs dans les pays basques. C'est elle-même qui, malgré de grandes difficultés locales, procure aux nombreux amateurs et curieux étrangers et nationaux, de magnifiques courses de taureaux, qui n'ont rien à envier aux courses de taureaux d'autres places importantes, où l'on cultive avec enthousiasme et compétence l'art de Pepe-Hillo.

Etranger, celui qui écrit quelques-unes de ces annotations, ne doit et ne peut pas les terminer sans faire une juste louange de la probité proverbiale des habitants de ce beau pays, en applaudissant ses mœurs honnêtes, ses sentiments honorables, son application au travail, ses affections à ses gloires historiques, ainsi que son enthousiasme pour les conquêtes morales et matérielles de la civilisation. Ce sont là des conditions qui plaident hautement en faveur de ce pays incomparable et qui contribuent beaucoup à assurer à la belle ville de Saint-Sébastien un brillant avenir.

Si la saison d'été a toujours attiré une foule considérable d'étrangers dans cette ville, malgré les difficultés qu'il y avait pour les logements, que ne doit-on pas espérer maintenant par suite du récent accroissement de la ville ?

L'emplacement qu'occupaient jadis les vieilles murailles, ainsi qu'une partie du fleuve l'Urumea, ont été transformés comme par enchantement en d'agréables promenades, et la partie neuve de la ville compte déjà plus de deux cents jolies maisons et palais. De nombreuses plantations d'arbres, qui nous abritent sous leur ombrage, permettent aux baigneurs de marcher à l'ombre jusqu'à la plage, tandis que les promenades de la Alaméda, Sainte-Tataline, Champ-de-Mars et avenue de la Liberté, présentent ensemble un parcours non interrompu de 1,500 mètres, formant un carré qui renferme un grand nombre de maisons et de rues.

Un des édifices les plus remarquables de Saint-Sébastien, c'est la maison de don José Muya, dans le rez-de-chaussée de laquelle se trouve le grand *Café suisse* et de la *Marine*. Dans l'entre-sol de la même maison, il y a un confortable *Res-*

taurant; au premier étage se trouve le grand Cercle ou *Casino mercantil é industrial*, et dans le reste de cette grande et spacieuse maison, le nouvel *Hôtel de la Marine*.

Le *Café suisse* et de la *Marine* correspond ou plutôt excède tout ce qui l'entoure.

Situé sur un des meilleurs points de la ville, avec une façade sur le jardin-promenade de l'Alaméda et une autre sur la rue Garibay, — les deux avec des vues sur la mer et sur la forteresse du « Bastillo », le bel édifice dans lequel il se trouve est soutenu par de hautes arcades, dont huit forment les portes qui donnent accès au Café. — La hauteur considérable (7 mètres) de ce grandiose salon, dont les parois étalent des glaces de 4 mètres de hauteur, les nombreux lustres de cristal à becs de gaz, et sa décoration intérieure (Louis XVI), qui est fort riche et distribuée avec un goût parfait, produisent un ensemble tel que le visiteur qui y entre pour la première fois se croit instantanément transporté dans l'un des plus élégants cafés de Paris ou de Madrid.

Les propriétaires de la maison et du café n'ont rien omis pour rendre le salon magnifique. Il fut inauguré le 17 février 1867 par un des plus beaux bals masqués qu'ait vus la ville.

Comme complément à la splendide décoration du café se trouvent les dix-sept portraits à l'huile, par don Eugenio Azcue, des *hommes les plus célèbres de Guipuzcoa*.

Nous allons donner maintenant quelques extraits biographiques des personnages que ces portraits représentent, suivant l'ordre de numération dans lequel ils sont placés.

NUMÉRO 1

JUAN DE URBIETA.

Capitaine fortuné, devenu célèbre depuis qu'à la bataille de Pavie, en Italie, le 24 février 1525, il fit prisonnier le roi de

France, François Ier. Ce fait est pleinement justifié par une lettre que lui écrivit ce même roi le 4 mars suivant, pour lui témoigner sa reconnaissance de l'avoir si bravement défendu dans un moment aussi critique ; par un brevet du 20 mai 1530, par lequel Charles V concédait à Urbieta l'écusson allégorique de cette action ; et enfin par le testament du même Urbieta, du 22 août 1553, et par plusieurs ordonnances du Conseil municipal d'Hernani, sa ville natale, au sujet d'une inscription sépulcrale, que l'on voit encore aujourd'hui à côté du maître-autel de l'église paroissiale de cette ville, où il mourut le 23 août 1553. — Les « Juntas generales » (assemblée annuelle des députés des villes) de la Province de Guipuzcoa de 1866 accordèrent de lui élever une statue aussitôt que l'état économique de leur caisse le leur permettrait.

NUMÉRO 2

MANUEL DE LARRAMENDI.

Auteur de « L'Art de la langue basque, l'Antiquité et universalité de la langue basque en Espagne, le Discours sur la Cantabre et le Dictionnaire Trilingüe (basque-espagnol-latin »). Dans ses ouvrages, qui le rendent digne de la haute considération et l'estime du pays basque et qui furent publiés de 1728 à 1745 aux frais la province, Larramendi a démontré que le basque n'est pas une langue barbare comme le prétendent avec trop de légèreté quelques écrivains peu ou point versés dans cette langue, et que c'est l'une des plus anciennes d'Espagne, et peut-être de l'Europe. Son dictionnaire a été de nouveau imprimé par don Pio Luazua, à Saint-Sébastien, en 1853. — Larramendi écrivit aussi, pendant ses dernières années, « l'Histoire de Guipuzcoa », qui est restée inédite.

Il était né à Andoin le 24 décembre 1690, devint membre de la Compagnie de Jésus le 6 novembre 1707, fut ensuite professeur en théologie au Collège et à l'Université de Salamanca, et confesseur de la veuve de Charles II. — Il mourut à Loyola le 28 janvier 1766.

NUMÉRO 3

LE COMTE DE PENNAFLORIDA.

Fut le digne contemporain et émule de Larramendi dans ses efforts pour le bien du pays basque.

Le nom de la Société Basque, fondée en 1764, ses progrès, sa célébrité sont autant de titres glorieux qui, plus encore que la noblesse de sa naissance, ont rendu illustre le nom du comte.

Nous avons fait connaître les actes les plus remarquables de sa vie, dans une brochure que nous avons publiée en 1866, et dans laquelle nous avons aussi reproduit les lignes honorables qui ont été dédiées par Macanaz, Samaniego, Lafuente, l'Académie royale d'histoire et d'autres corporations nationales et étrangères.

La province de Guipuzcoa lui a aussi voté une statue, qui lui sera érigée plus tard.

Don Janvier Maria de Munive é Idiaquez, comte de Penaflorida, était né à Azcoitia le 23 octobre 1729, et mourut, laissant de profonds regrets, à Vergara le 13 janvier 1785. Ses restes furent transportés et enterrés à l'église paroissiale de Marquin, dont il était le patron.

NUMÉRO 4

COSME DAMIAN DE CHURRUCA.

L'histoire l'a appelé : « l'honneur de l'Espagne et de l'humanité. »

Il se fit déjà distinguer parmi ses camarades lorsqu'il était encore garde-marine aux collèges de Cadiz et du Terrol, et plus tard comme professeur dans la chaire et à l'Observatoire.

Sa brillante carrière sur mer est pleine d'épisodes intéressants. Il assistait à la défense des batteries flottantes, malheureusement devenues célèbres, au siège de Gibraltar, en 1782. — Non moins distingué par son courage comme marin que par ses connaissances scientifiques, il s'acquit une renommée européenne dans l'expédition qui partit pour l'exploration du détroit de Magellan, et plus tard dans celle de 1792 à 1794 dans le golfe du Mexique et sur les côtes du Continent qu'il commandait en chef. Ses 34 cartes spériques obtinrent l'approbation et les applaudissements de tous les Observatoires.

Il fut également distingué comme organisateur dans les différents vaisseaux qu'il eut sous son commandement, et ses ouvrages : « Instructions pour la marine, Traités de l'artillerie de marine et du carénage des vaisseaux », furent publiés avec un grand succès. Il mérita d'honorables distinctions de Napoléon, alors consul, ainsi que des Anglais, après sa mort, qui eut lieu le 21 octobre 1805, à la bataille de Trafalgar.

Un monument lui fut élevé au Ferrol en 1811, et les Cortès de Cadiz, en 1814, rendirent un décret pour perpétuer sa mémoire. Guipuzcoa lui a fait ériger à Mothico, où Churruca était né le 27 septembre 1761, une statue dont la première pierre fut posée par la reine Isabelle le 5 septembre 1865.

NUMÉRO 5

CATALINA DE ERAUSO.

SURNOMMÉE

LA MONJA ALFÉREZ

(LA RELIGIEUSE-SOUS-LIEUTENANT.)

S'il y a eu de tout temps des femmes extraordinaires, nous

croyons devoir placer parmi les plus remarquables celle dont nous allons brièvement décrire la vie et les aventures.

Née à Saint-Sébastien en 1585, elle fut placée, dès l'âge de quatre ans, au couvent des sœurs Domingues de l'Antigua, d'où elle s'évada à l'âge de quinze ans. Elle changea alors de nom, coupa sa chevelure et, s'habillant en homme, parcourut pendant trois ans, sans trahir son sexe, les villes de Valladolid, Bilbao, Estella et Saint-Sébastien, s'embarqua aux Passages en 1603 pour Séville, et partit enfin pour Carthagène d'Amérique.

De 1604 à 1624, elle parcourut les différents pays de l'Amérique du Sud, laissant partout à son passage mémoire de ses rixes, duels et autres aventures qui sembleraient incroyables pour une femme.

Comme *militaire*, un acte héroïque par lequel elle recouvra un drapeau, qui avait été enlevé par les Indiens, lui valut le grade de Alférez (aujourd'hui sous-lieutenant) ; comme *Vénus transformée en Cupide* ; ses aventures furent nombreuses ; comme *commerçant*, elle fit naufrage à son premier voyage ; comme *marin de guerre*, le navire sur lequel elle voyageait coula à fond dans un combat, mais elle se sauva avec deux autres compagnons ; comme *spadassin*, ses duels furent nombreux et terribles, entre autres elle tua son propre frère sans le connaître, ainsi que le Nouveau Cid : « Qui se ressemble s'assemble ».

En 1621, elle découvrit son vrai sexe à un évêque, se fit de nouveau religieuse et resta trente et quelques mois dans deux couvents.

Elle retourna en Europe en 1624, et arriva en 1625 à Madrid, où fut publiée son histoire qu'elle avait écrite elle-même sous le titre de : « La Monja-Alferez », nom composé de ses deux titres de Sœur et d'Alferez, ainsi qu'une comédie l'année suivante, par le fameux acteur dramatique Montavan.

Son désir d'aller baiser les pieds du Pape, l'exposa à de nouvelles aventures, mais elle put le réaliser en 1826, et pendant les quarante-cinq jours qu'elle resta à Rome, elle se vit entourée et fêtée par les cardinaux, princes et autres personnages qui se plaisaient à l'entendre raconter son histoire. Son nom fut aussi inscrit dans le livre des *Citoyens romains*, et le Pape lui accorda la permission de s'habiller en homme.

De Rome elle se rendit à Naples et en Espagne, et enfin, en 1630, elle partit pour le Mexique, et y mourut après 1645.

Elle ne voulut jamais consentir à être appelée femme en public.

L'histoire de cette héroïne fut publiée à Paris en 1829, par Jules Didot, rue Pont-de-Lodi, 6, aux frais de Son Excellence Don Joaquin Maria de Ferrer, qui illustra avec des notes cette deuxième édition, et la comédie intitulée la « Monja-Alferez », dont nous avons parlé plus haut, a été traduite en français, imprimée et représentée dans les théâtres de France. — Beaucoup d'histoires espagnoles et étrangères parlent également de cette femme extraordinaire dont nous venons de raconter l'histoire à grands traits.

NUMÉRO 6

JUAN DE IDIAQUEZ.

Le nom de cet homme illustre, qui fut pendant de longues années Ministre-secrétaire d'Etat de Philippe II et de Philippe III, président du Conseil des Ordres et ambassadeur à Gênes et à Venise, inspire une respectueuse considération.

Plusieurs histoires générales et particulières d'Espagne, parlent en des termes très favorables de ce Ministre sage et prudent.

Ses conseils à Philippe II au sujet des désastres qu'il prévoyait pour l' « Invincible Armanda » sont remarquables; l'histoire les a recueillis et les évènements vinrent malheureusement les justifier (1588).

Né à Saint-Sébastien, il mourut à Segovia le 12 octobre 1614. Ses restes furent transportés à sa ville natale, où il furent reçus avec toute la magnificence de laquelle il s'était rendu digne, et déposés au couvent de San Telmo, fondé par son père Alfonso, qui avait été aussi Ministre de Charles V pendant plusieurs années.

NUMÉRO 7

ANTONIO DE OQUENDO.

Sa brillante carrière et ses nombreux exploits sur mer, bien connus de la nation espagnole, sont rapportés dans beaucoup d'histoires générales et particulières d'Espagne, ainsi que dans celle que son fils, aussi général de Marine, écrivit et qui fut publiée à Toledo en 1666.

Après cette indication, nous allons citer un fait qui révèle le haut renom qu'Oquendo s'était acquis parmi les marins des autres nations.

L'amiral hollandais Tromp, ayant été accusé de n'avoir pas pris ou coulé la frégate que commandait Oquendo, en 1639, dans un combat où la flotte hollandaise la tenait cernée et la mitraillait de toutes ses forces, répondit pour sa défense : *Que la capitana royale d'Espagne avec* OQUENDO *était invincible.*

Cet éloge de la part de ses ennemis relève au plus haut degré le mérite de ce héros qui en *cent combats ne fut jamais vaincu.*

Le titre de marquis de San Milian, décerné à son petit-fils, fut le prix de tant d'héroïsme.

Né à Saint-Sébastien en 1577, il mourut à la Corogne (Coruna) en 1640.

Sa ville natale possède depuis 1859, deux tableaux magnifiques représentant deux des faits les plus mémorables d'Oquendo, dont le premier eut lieu en 1631, dans les eaux du Brésil, et le second, dans le Canal de la Manche, en 1639. Ces tableaux, dont les frais furent couverts par une souscription dans laquelle prirent part la reine d'Espagne, Isabelle II, l'impératrice des Français, la Province et d'autres personnages en Europe et en Amérique, sont visibles à la Casa Consistorial (Hôtel de Ville).

Nous avons lieu de croire qu'une statue lui sera bientôt élevée.

NUMÉRO 8

JUAN DE LAZCANO.

Capitaine général des armées de terre et de mer, ses triomphes et ses gloires sont constamment unis à ceux du *Grand Capitan* à Naples et Sicile, et leurs eaux au commencement du XVIe siècle.

L'histoire nous rapporte la part importante qu'il eut dans les exploits pleins de succès de Gonzalo Fernandez de Cordova.

L'amiral Lazcano était natif de la ville qui porte son nom.

C'est aussi un des noms de familles les plus illustres de la province, et un de ceux qui ont le plus figuré depuis le XIe jusqu'au XVIe siècles, d'après les Mémoires de sa famille, publiés à Pampelune en 1834. Ses descendants portent le titre de marquis de Valmediano et sont Grands d'Espagne, etc., etc.

NUMÉRO 9

ESTÉBAN DE GARIBAY Y ZAMALLOA.

C'est à cet homme éminent que l'Espagne doit sa première *Histoire* générale, qu'il fit avant l'âge de 32 ans, comme on peut le voir dans la bordure du portrait de l'auteur qu'accompagne la première édition publiée en 1571 à Anvers. Une seconde édition fut publiée à Barcelone en 1628.

Il publia aussi en ce temps-là un ouvrage intitulé : « Illustrations généalogiques de rois catholiques, etc., etc. », et écrivit un autre : « Grandezas d'Espagne, etc. », que l'Académie de l'Histoire a publiée il y a quelques années en 11 forts volumes.

Le jugement favorable qu'à mérité son Histoire apparait consigné dans le dictionnaire géographique et historique de l'Académie royale, ainsi que dans plusieurs autres ouvrages.

Il fut chroniqueur de Philippe II. Il était né à Mondragon, le 9 mars 1533. Quant au lieu de sa mort, échue en 1599, peut-être pourrons nous démontrer de manière à ne laisser aucun doute, dans laquelle de trois villes de Valladolid, Tolède où Madrid elle eut lieu, dans un ouvrage que nous nous proposons de publier plus tard, et dans une partie duquel on trouvera ces biographies avec plus d'étendue, ainsi que celle d'autres personnages notables de Guipuzcoa.

NUMÉRO 10

ANDRÉS DE URDANETA.

Né à Villafranca en 1498. Il servit pendant sa jeunesse dans l'armée. En 1525, il accompagna Elcano dans sa deuxième expédition et eut occasion de démontrer sa grandeur d'âme dans les divers événements qui la signalèrent, principalement à Tédor, Gilolo et d'autres îles d'Asie, où il se trouvait à plusieurs milliers de lieues de son pays, et entouré seulement d'un nombre fort réduit de compagnons.

L' « Histoire de la Marine royale Espagnole » rend justice à la renommée universelle qu'il acquit comme marin et comme cosmographe.

Ayant pris l'habit de Saint-Augustin en 1552 au Mexique, il fut le compagnon de Legazpi en 1564, et au commencement de la conquête des îles Philippines retourna au Mexique et en Espagne, porteur de la bonne nouvelle. Revenu au Mexique, il y mourut au couvent de Saint-Augustin, le 3 juillet 1568.

Un historien a dit qu'on ne pourrait trouver *pour la navigation*, *pour la guerre*, *pour la prédication* et pour la *fondation des églises* un autre homme qui puisse égaler Urdaneta.

NUMÉRO 11.

DOMENJON GONZALEZ DE ANDIA.

C'est le nom du personnage qui s'est placé au premier rang de ceux qui ont intervenu à la direction du régime autonomique de Guipuzcoa.

Les « Fueros de Guipuzcoa », les honneurs et les récompenses qui lui furent accordés sous les règnes de Jean II; Henri IV et les rois catholiques et sa nomination à l'ordre ed la Jarretière, par le roi d'Angleterre Edouard IV, en 1471, offrent un témoignage de son mérite et de ses talents.

Ce fut aussi Andia qui intervint principalement dans le « Contrat pour indemnités réciproques conclu entre l'Angleterre et Guipuzcoa » en 1474, ainsi que dans le « Traité de Commerce » entre ces deux parties en 1482.

Ce fils distingué de la ville de Tolosa mourut en 1489.

NUMÉRO 12

JUAN DE ÉCHAIDE.

Les Basques entretenaient un commerce important au XIVe siècle avec l'Angleterre et les pays du Nord de l'Europe, et établirent le fameux entrepôt ou « Lonja » à Brugges (Belgique).

Ils s'occupaient aussi principalement de la pêche à la baleine et ce cétacé devenant de plus en plus rare dans leurs côtes vers la fin du même siècle, les Basques continuèrent à le poursuivre jusque dans les mers les plus reculées où il allait se réfugier. C'est dans l'une de ces expéditions qu'ils découvrirent les bancs de morue et l'île de Terre-Neuve, mais ils ignorèrent jusqu'à un siècle plus tard qu'elle appartint à un Continent nouveau.

La gloire de cette découverte a été adjugée successivement à Sébastien Cabot, parti de Bristol 1497, à Gaspar Costereal, parti de Lisbonne en 1500, et même plus tard à un Français, mais la Compagnie royale basque et d'autres Sociétés nationales et étrangères ont démontré qu'elle appartient aux Basques et principalement à Echaide, de Saint-Sébastien.

Ceci est également indiqué dans des documents de Charles V, Philippe II et d'autres souverains.

NUMÉRO 13

MIGUEL BE VIDAZABAL,

Illustre amiral qui a laissé tant de jours de gloire à sa patrie. Son courage et son habileté, maintes fois éprouvés dans les différentes entreprises dont il fut chargé, brillèrent de leur plus bel éclat lorsque, prenant le commandement de la *Cantabre*, il se mit à la poursuite des pirates et des corsaires maures, dont il prit un grand nombre, coula d'autres à fond et finit par en délivrer la Méditerranée, qui en était auparavant infestée.

En 1614, il conduisit une flotte de vingt-deux bâtiments de Lisbonne en Flandre avec des troupes espagnoles et des munitions, et à son arrivée, les archiducs après lui avoir témoigné toutes sortes de distinctions, le nommèrent membre du Conseil de guerre de leurs états.

Mais les exploits qui lui valurent le plus grand renom furent les deux triomphes qu'il obtint sur les Turcs en 1618, leur prenant dans le premier cinq navires et vingt-deux dans le second, rendant la liberté à 1,500 chrétiens et s'emparant de sommes importantes.

Pendant qu'il naviguait avec l'escadre de Cantabre, il fut attaqué de paralysie et conduit à Séville, où il mourut le 11 janvier 1619, après trente-six ans de services. Il était né à Motrico le 3 octobre 1568.

NUMÉRO 14

MIGUEL LOPEZ DE LEGAZPI.

Il étudia d'abord la jurisprudence, suivit ensuite la carrière des armes au Mexique, où il remplit les fonctions honorables de « Alcalde » et d' « Escribano mayor ». En 1564 il fut nommé *Adelantado* pour la conquête des Philippines.

Quoique cinq autres expéditions eussent auparavant échoué et que Legazpi n'eût sous ses ordres que quatre navires et 500 hommes, son succès fut des plus heureux.

Le mérite des preuves de courage et de constance qui le couvrirent de gloire au milieu des nombreuses privations et souffrances qu'il eut à supporter, est encore rehaussé par son humanité envers les insulaires conquis dans les différentes îles de cet archipel.

Il se rendit maître de Manila le 19 mai 1571 et créa le Conseil municipal le 24 juin suivant. — Enfin, après huit années de travaux et de fatigues, il mourut le 20 août 1572.

La capitale des îles Philippines célèbre encore solennellement les anniversaires de ces trois dates.

Tels sont les faits principaux de la vie du conquérant des Philippines, qui en fut aussi le premier capitaine général et gouverneur.

Sa maison natale se trouve à Kumarraga, à moins d'une centaine de mètres de la station du chemin de fer du Nord.

La « Diputation » de Guipuzcoa fit venir de Manille, en 1863, son portrait peint à l'huile, et sa ville natale en a également une copie.

NUMURO 15

JUAN SÉBASTIAN DE ELCANO.

Son nom est devenu immortel, parce que ce fut le premier qui fit le tour du monde.

Il s'embarqua à San-Lucar, le 20 septembre 1519, avec l'expédition de Magallanes, et, ce chef étant mort pendant la traversée, ainsi que d'autres qui lui succédèrent, ce fut Elcano qui étonna le monde par son arrivée à San-Lucar de Barraméda le 6 septembre 1522 avec son petit navire le *Victoria*, de 85 tonnes, le seul des cinq de l'expédition qui accomplit le voyage.

L'empereur Charles V lui concéda l'écusson dans lequel se

trouve entre autres choses l'inscription : *Primus circum dedisti me* sur un globe.

Elcano mourut dans l'Océan-Pacifique le 4 août 1526, dans son deuxième voyage.

La province de Guipuzcoa lui a élevé une statue, qui fut inaugurée dans sa ville natale, Guetaria, le 28 mai 1861.

NUMÉRO 16

IGNACIO DE LOYOLA.

Son nom, universellement connu, a été également rehaussé par les uns comme rebattu par les autres.

Son lieu de naissance fut Loyola, dans la juridiction d'Azpeitia, l'an 1491.

D'abord page du roi catholique, il devint ensuite militaire et se distingua dans cette carrière à la prise de Najera et à la défense de Pampelune, où il fut blessé par un boulet le 20 mai 1521. Peu de jours après, à la prise de la place, il fut fait prisonnier par les Français.

Transporté à sa maison natale, la lecture de livres mystiques, dont il s'occupa pendant sa guérison, produisit en lui un changement de vocation.

Il partit en pèlerinage, d'abord pour Monserrate (province de Barcelone) et ensuite pour Rome et Jérusalem. A son retour en Europe, il commença ses études à Barcelone à l'âge de trente-trois ans, et les continua ensuite aux Universités d'Alcala, de Salamanca et de Paris.

Ayant conçu l'idée de former une Compagnie, il réunit d'abord six disciples auxquels se joignirent trois autres plus tard, et avec huit de ses disciples il célébra la messe à Venise le 24 juin 1537, et partit ensuite pour prêcher dans les différentes villes d'Italie.

Plus tard il prépara la fameuse Constitution de la Compagnie de Jésus, dont il fut le fondateur et le premier général, et qui fut approuvée par le pape Paul III le 23 septembre 1540.

Les progrès de cette institution pendant les seize dernières années de la vie de Loyola furent extraordinaires, comme le témoigne la fondation à Rome des Collèges des Catéchumènes (1542), Romain (1550), Germain (1552); et la Compagnie fonda les douze provinces suivantes : Portugal, Italie, Sicile, Germanie supérieure et inférieure, France, Aragon, Castille, Andalousie, les Indes, l'Ethiopie et le Brésil. La devise qu'il adopta : *Ad majorem Dei gloriam* (à la plus grande gloire de Dieu), a été féconde en succès contre les doctrines de Luther et ses partisans.

Loyola mourut à Rome le 31 juillet 1556, fut béatifié par Paul V le 27 juillet 1609 et canonisé le 12 mars 1622 par Grégoire XV.

Saint Ignace de Loyola est aujourd'hui le patron tutélaire de Guipuzcoa et Vizcaya, ainsi que d'Alava, conjointement avec San Prudencio.

Le magnifique monument qui a été élevé en son honneur à Loyola, sa ville natale, après 1682, est digne d'être visité par les étrangers, à cause des souvenirs qu'il rappelle et des curiosités artistiques qu'il renferme. (Des voitures y conduisent de la station de Lumarraga en une heure et demie.)

NUMÉRO 17

BLAS DE LEZO.

Ce célèbre marin naquit à Passage, côté de San Pedro, qui alors appartenait à Saint-Sébastien, le 9 février 1687.

Il était garde-marine en 1704; fut nommé capitaine de frégate en 1710 et capitaine de vaisseau deux ans plus tard, en récompense des onze prises qu'il fit avec sa frégate, parmi lesquelles se trouvait le vaisseau de ligne anglais, le *Stanhope*, nom d'un général qui fut aussi fait prisonnier à la bataille de Brihuega, le 9 décembre 1710.

Il devint plus tard chef d'escadre, lieutenant général et commandant général de Cadix ; mais son plus grand renom provient de ses trois glorieuses défenses de la place de Carthagène en Amérique.

Il s'y trouvait depuis 1737, lorsque l'amiral anglais Vernon la fit bombarder et tenta vainement de la prendre en mars 1740. — La même escadre renouvela ses efforts, et avec le même résultat, le mois de mai suivant.

Pendant ce temps, Lezo commandait la place comme marin et aussi comme gouverneur, par suite de la mort naturelle du gouverneur réel, et les « Reales ordenes » des 8 et 16 août 1740 attribuaient à sa brave défense l'insuccès de ses ennemis. Peu de temps après arriva le vice-roi Eslava.

Le 15 mars 1741 une nouvelle escadre anglaise, la plus formidable qu'eût jamais envoyée la puissante Albion, se présenta devant la place. Elle se composait de 36 vaisseaux de ligne, dont 8 de trois ponts, et de beaucoup de frégates, bombardes et brûlots, et 130 transports avec 10,000 hommes de troupes de débarquement.

Les Anglais croyaient leur triomphe tellement assuré qu'ils avaient fait frapper d'avance une médaille dans laquelle Lezo était représenté vaincu et agenouillé, rendant son épée à Vernon, son vainqueur. Mais cette fanfaronnade était prématurée.

Lezo n'avait à opposer aux nombreuses forces débarquées que 1,100 hommes de troupes et 500 de milice. Mais, après un grand nombre d'assauts et de combats acharnés, pendant lesquelles quelques positions furent prises et reprises plusieurs fois, les braves défenseurs de la place virent les Anglais se retirer après avoir perdu une grande quantité d'hommes et de vaisseaux. La fameuse médaille qui devait célébrer leur triomphe raillait alors leur déroute.

Lezo, qui avait été plusieurs fois blessé avant, reçut encore deux nouvelles blessures dans les derniers combats, et ses souffrances, jointes aux fatigues qu'il eut à endurer pendant les soixante-cinq jours que dura le siège, causèrent sa mort, qui eut lieu à Carthagène même le 7 septembre suivant. Peu d'années après le roi accorda le titre de marquis « de la Real Defensa » à Eslava et sa famille, et celui de marquis de « Ovieco » à celle de Lezo. Voici l'histoire succincte du mémorable Blas de Lezo et de ses non moins mémorables défenses de Carthagène d'Amérique.

Des biographies de

Soraluce.

Nota. — Cette brochure a été également publiée en Espagnol.

[illegible] — Imp. Adolphe NOEL, 6, Cours Boïeldieu.

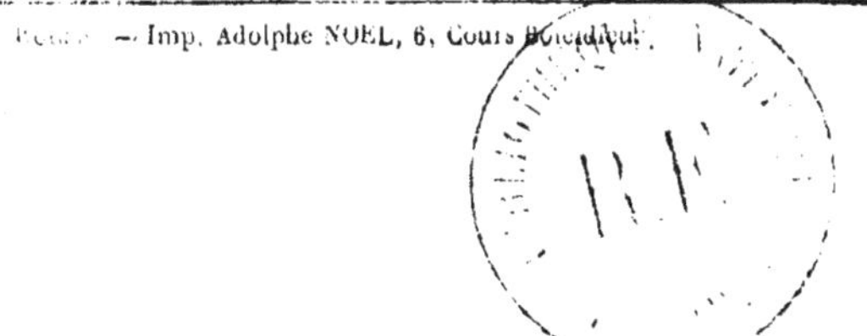

www.ingramcontent.com/pod-product-compliance
Ingram Content Group UK Ltd.
Pitfield, Milton Keynes, MK11 3LW, UK
UKHW020535180726
13839UKWH00006B/2519

9 782329 590059